English G 21

B4

Vokabeltaschenbuch

Cornelsen

Das **Vocabulary** (Vokabelverzeichnis) enthält alle Wörter und Wendungen, die du lernen musst. Sie stehen in der Reihenfolge, in der sie in den Units vorkommen.

So ist das Vocabulary aufgebaut:

- Hier siehst du, wo die Wörter vorkommen.
  p.16/A 6 = Seite 16, Abschnitt 6
  p.21/P 4 = Seite 21, Übung 4
- Die Lautschrift zeigt dir, wie ein Wort ausgesprochen und betont wird. (→ Englische Laute: S.4)
- Eingerückte Wörter lernst du am besten zusammen mit dem vorausgehenden Wort, weil die beiden zusammengehören.
- Die blauen Kästen solltest du dir besonders gut ansehen.

Eine Liste der unregelmäßigen Verben steht auf den Seiten 56–60, und auf den Seiten 61–63 findest du eine Übersicht über die Staaten der USA.

p.16/A 6	(to) **cost, cost, cost** [kɒst]	kosten	Was your new computer e… – Yes, it ~ £900.
p.21/P 4	**change** [tʃeɪndʒ]	Kleingeld	
	tall [tɔːl]	hoch *(Bäume, Türme usw.)*; groß *(Person)*	
	short [ʃɔːt]	klein *(Person)*	**!** a **short** woman a **tall**
	floor [flɔː]	Stock(werk)	

floor („Stock", „Stockwerk")

In britischem und amerikanischem Englisch werden die Stockwerke eines Hauses unterschiedlich gezählt.

British English	American E…
second floor	**third floo…**
first floor	**second f…**
ground floor	**fi…**

! im zweiten Stock = … th…

Abkürzungen:

n	=	*noun*	*v*	=	*verb*
adj	=	*adjective*	*adv*	=	*adverb*
prep	=	*preposition*	*conj*	=	*conjunction*
pl	=	*plural*	*no pl*	=	*no plural*
p.	=	page	pp.	=	pages
sb.	=	somebody	sth.	=	something
jn.	=	jemanden	jm.	=	jemandem
AE	=	*American English*	*BE*	=	*British English*

infml = *informal* (umgangssprachlich, informell)

Symbole:

! Hier stehen Hinweise auf Besonderheiten, bei denen man leicht Fehler machen kann.

◄► ist das „Gegenteil"-Zeichen: **alive ◄► dead** (**alive** ist das Gegenteil von **dead**)

~ Die **Tilde** in den Beispielsätzen steht für das neue Wort. Beispiel:
daily – Do your mum and dad get a ~ newspaper?

English sounds (Englische Laute)

Die Lautschrift in den eckigen Klammern zeigt dir, wie ein Wort ausgesprochen und betont wird.
In der folgenden Übersicht findest du alle Lautzeichen.

Vokale (Selbstlaute)

[iː]	green	[ɔː]	morning	[aɪ]	time
[i]	happy	[uː]	blue	[ɔɪ]	boy
[ɪ]	in	[ʊ]	book	[əʊ]	old
[e]	yes	[ʌ]	mum	[aʊ]	now
[æ]	black	[ɜː]	T-shirt	[ɪə]	here
[ɑː]	park	[ə]	a partner	[eə]	where
[ɒ]	song	[eɪ]	skate	[ʊə]	tour

Konsonanten (Mitlaute)

[b]	box	[ŋ]	sing	[z]	please
[p]	play	[l]	hello	[ʃ]	shop
[d]	dad	[r]	red	[ʒ]	television
[t]	ten	[w]	we	[tʃ]	teacher
[g]	good	[j]	you	[dʒ]	Germany
[k]	cat	[f]	full	[θ]	thanks
[m]	mum	[v]	very	[ð]	this
[n]	no	[s]	sister	[h]	he

p.8	(to) **look forward to** sth. ['fɔːwəd]	sich auf etwas freuen	I'm really **looking ~ to** the weekend. We're going to drive to the Grand Canyon.
	daily ['deɪli]	täglich, Tages-	Do your mum and dad get a ~ newspaper?
	three and a half days/weeks	dreieinhalb Tage/Wochen	**!** With **'and'**: **three and a half** days
	awesome ['ɔːsəm] *(AE, infml)*	klasse, großartig	very good, great
	rim [rɪm]	Rand, Kante	**rims** 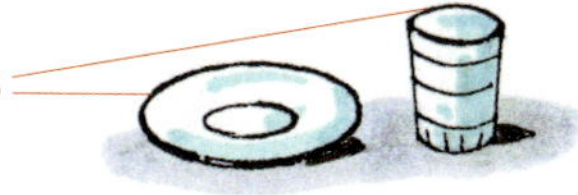
	(to) **hike** [haɪk]	wandern	(to) go for long walks in the country
	hike	Wanderung, Marsch	
	comment ['kɒment]	Kommentar, Bemerkung	**!** stress: **comment** ['kɒment]
p.9	**middle school**	*(USA) Schule für 11- bis 14-Jährige*	
	grade [greɪd] *(AE)*	Jahrgangsstufe, Klasse	= *BE* year
	busy ['bɪzi]	beschäftigt	I'll call you back later. I'm ~ with my homework.
	(to) **raise money (for)** [reɪz]	Geld sammeln (für)	

(to) **cut the grass** [grɑːs]	Rasen mähen	
grass	Gras; Rasen	

She's **cutting the grass**.

sale [seɪl]	Verkauf; Schlussverkauf	
tent [tent]	Zelt	

a **tent**

how to do sth.	wie man et… …un kann / tun soll	

Question words + to-inf…tive: how to ... / what to ... / where to ... / ...

Nach **Fragewörtern** kannst du einen **Infinitiv mit *to*** verwenden.
Er entspricht einem Nebensatz mit Modalverb („können", „sollen" usw.).

Can you tell me **how to get** to the station?	Können Sie mir sagen, wie ich zum Bahnhof komme / kommen kann?
I don't know **what to do**.	Ich weiß nicht, was ich machen soll.
He had no idea **where to go** or **who to ask**.	Er hatte keine Ahnung, wohin er gehen sollte oder wen er fragen könnte.

	tool [tu:l]	Werkzeug	
	on my/our/... own [əʊn]	allein, selbstständig *(ohne Hilfe)*	Did you go with Emma? – No, I went **on my ~**. His room looks great. Did he paint it **on his ~**?
	Native American [ˌneɪtɪv‿ə'merɪkən]	amerikanische(r) Ureinwoh-ner/in, Indianer/in	! Der Begriff **Native American** wird heute von vielen dem älteren Begriff **Indian** vorgezogen.
	Indian ['ɪndiən]	Indianer/in; indianisch	
	(to) **sew (on)** [səʊ], **sewed** [səʊd], **sewn** [səʊn]	(an)nähen	The doctors were able to ~ his finger back **on**. ! pronunciation: (to) **sew** [səʊ]
	monument ['mɒnjumənt]	Denkmal, Monument	! stress: **<u>monu</u>ment** ['mɒnjumənt] *French:* le monument
	natural ['nætʃrəl]	Natur-, natürlich	*French:* naturel, le
	human ['hju:mən]	Menschen-, menschlich	When did ~ life on earth begin? Do you know? *French:* humain, e
p.10	**high school** ['haɪ sku:l]	*(USA) Schule für 14- bis 18-Jährige*	
	(to) **stay behind**	zurückbleiben, daheimbleiben	When Mum went away at the weekend, Dad **~ed behind** to look after me.
	highway ['haɪweɪ]	*(USA)* Fernstraße *(oft mit vier oder mehr Spuren)*	

route [ruːt]	Strecke, Route	! In den USA werden große Fernstraßen mit **Route + Nummer** bezeichnet.

gas [gæs] *(AE)*, **petrol** ['petrəl] *(BE)*	Benzin	
gas station *(AE)*, **petrol station** *(BE)*	Tankstelle	
license plate ['laɪsns pleɪt] *(AE)*, **number plate** ['nʌmbə pleɪt] *(BE)*	Nummernschild	
motel [məʊ'tel]	Motel	
auto ['ɔːtəʊ] *(AE)*	Auto, PKW	

grand [grænd]	eindrucksvoll, beeindruckend	The hotel looked ~ from outside, but our room was small and dark.
multi- ['mʌlti]	viel-, mehr-; multi-, Multi-	**multi-**coloured; a **multi-**millionaire

trail [treɪl]	(Lehr-)Pfad	We learned a lot about trees on the forest **~**.
foot [fʊt], *pl* **feet** [fiːt]	Fuß *(Längenmaß; ca. 30 cm)*	The cabin was quite small, only about 6 **feet** high.
wing [wɪŋ]	Flügel	
tip [tɪp]	Spitze	

(to) **forgive** [fə'gɪv], **forgave** [fə'geɪv], **forgiven** [fə'gɪvn]	vergeben, verzeihen	I know that she has hurt you, but try and **~** her.
p.11 **lodge** [lɒdʒ]	Landhaus	
mule [mjuːl]	Maultier	
adventure [əd'ventʃə]	Abenteuer	Our fishing trip in Canada was a great **~**. We even saw some bears. *French:* l'aventure *(f)*

Unit 1: New York, New York

p.13	**deli** ['deli]	Deli *(Lebensmittelgeschäft mit Fastfoodrestaurant)*	If you're hungry, we can get some sandwiches at the ~ on the way home.
	avenue ['ævənju:]	Allee	We moved to a new house in Park **Avenue**. *French:* l'avenue *(f)*
p.14/A1	**block** [blɒk]	(Häuser-, Wohn-)Block	
	downtown [ˌdaʊn'taʊn] *(AE)*	(im/in das) Stadtzentrum	Dad works in a bank ~.
	the downtown bus *(AE)*	der Bus in Richtung Stadtzentrum	! In New York, the south of Manhattan is called **downtown**.
p.14/A2	**line** [laɪn] *(AE)*, **queue** [kju:] *(BE)*	Schlange, Reihe *(wartender Menschen)*	a **queue** *(BE)*, a **line** *(AE)* *French:* la queue
	(to) **form** [fɔ:m]	(sich) bilden, formen	*French:* former
	sidewalk ['saɪdwɔ:k] *(AE)*, **pavement** ['peɪvmənt] *(BE)*	Gehweg, Bürgersteig	**pavement** *(BE)*, **sidewalk** *(AE)*
	hostess ['həʊstəs]	Gastgeberin *(in USA auch: Frau, die im Restaurant die Gäste empfängt und an ihren Platz führt)*	

p.14/A 3

Different words

American English	British English	
apartment	**flat**	Wohnung
cellphone	**mobile (phone)**	Handy
downtown	**city centre**	Stadtzentrum
elevator	**lift**	Fahrstuhl, Aufzug
gas	**petrol**	Benzin
grade	**year**	Jahrgangsstufe
line	**queue**	Schlange, Reihe
sidewalk	**pavement**	Gehweg, Bürgersteig
subway	**underground**	U-Bahn
vacation	**holiday(s)**	Ferien, Urlaub

Different spelling

American English: *-ter*	British English: *-tre*
cen**ter**	cen**tre**
me**ter**	me**tre**
thea**ter**	thea**tre**

American English: *-or*	British English: *-our*
col**or**	col**our**
fav**or**ite	fav**our**ite
harb**or**	harb**our**
neighb**or**	neighb**our**

American English:	British English:
trave**l**ed, trave**l**ing	trave**ll**ed, trave**ll**ing

p.15/A 4

security [sɪ'kjʊərəti]	Sicherheit(svorkehrungen)	At airports, ~ has to be very strict. It's easy to climb in the bottom window, so we have a big ~ problem. *French:* la sécurité
fire station ['faɪə steɪʃn]	Feuerwache	
firefighter ['faɪəfaɪtə]	Feuerwehrmann, -frau	another word for 'fireman/-woman'

p.15/A5 **anything else** [els] — (irgend)etwas anderes

... else

1. *(anders, unterschiedlich)*

I don't like apple juice. Have you got **anything else**?	... Hast du **irgendetwas anderes**?
I'm tired. **Somebody else** will have to tidy up.	... **Jemand anders** muss aufräumen.
Oh no, not France again! Let's go **somewhere else** this year.	... Lass uns dieses Jahr **woanders** hinfahren.

2. *(außerdem, zusätzlich)*

Do you need **anything else**?	Brauchst du **sonst noch etwas**?
What else do you know about New York?	**Was** weißt du **(sonst) noch** über New York?
I met Susan at the party. – **Who else** did you meet? / Did you meet **anybody else**?	**Wen** hast du **(sonst) noch** getroffen? / Hast du **sonst noch jemanden** getroffen?

(to) **put out a fire**	ein Feuer löschen	
shift [ʃɪft]	Schicht *(bei der Arbeit)*	My dad works 12-hour **~s**. There are eight men and women on his **~**.
guy [gaɪ] *(infml)*	Typ, Kerl	an informal word for 'man' or 'boy'

	ground zero [ˌgraʊnd 'zɪərəʊ]	Bodennullpunkt *(Bezeichnung für das zerstörte World Trade Center in New York; ursprünglich die Explosionsstelle einer Bombe oder Rakete über dem Boden)*	
	hijacker ['haɪdʒækə]	(Flugzeug-)Entführer/in	
	(to) **take** sth. **over**	etwas übernehmen; etwas in seine Gewalt bringen	Hijackers **took ~** the plane.
	(to) **burn** [bɜːn]	brennen; verbrennen	The light in the bedroom was still **~ing** at 4 am. Don't ~ those newspapers! Recycle them!
	(to) **collapse** [kə'læps]	zusammenbrechen; einstürzen	
	(to) **take place**	stattfinden	Our next school trip will **take ~** in two months.
p.16/A6	(to) **cost, cost, cost** [kɒst]	kosten	Was your new computer expensive? – Yes, it ~ £900.
	dollar ($) ['dɒlə]	Dollar	How much is £900 in **~s**?
	tall [tɔːl]	hoch *(Bäume, Türme usw.)*; groß *(Person)*	
	short [ʃɔːt]	klein *(Person)*	

! a **short** woman a **tall** woman

admission [əd'mɪʃn]	Eintritt, Eintrittspreis	Tickets cost £ 5, but ~ is free for kids under 14.
perfect ['pɜːfɪkt]	perfekt, ideal, vollkommen	! stress: **perfect** ['pɜːfɪkt] *French:* parfait, e
lobby ['lɒbi]	Eingangshalle	
visibility [ˌvɪzə'bɪləti]	Sicht(weite)	The fog was so bad that ~ was only 10 feet. *French:* la visibilité
ticket office ['tɪkɪt‿ˌɒfɪs]	Kasse *(für den Verkauf von Eintrittskarten)*; Fahrkartenschalter	
floor [flɔː]	Stock(werk)	

floor („Stock“, „Stockwerk“)

In britischem und amerikanischem Englisch werden die Stockwerke eines Hauses unterschiedlich gezählt.

British English	American English	
second floor	**third floor**	zweiter Stock
first floor	**second floor**	erster Stock
ground floor	**first floor**	Erdgeschoss

! **im zweiten** Stock = **on** the **second** floor *(BE)* / **on** the **third** floor *(AE)*

	forever [fər'evə]	ewig, für immer	always, from now on
	(to) **be tired of** sth.	genug von etwas haben, etwas satt haben	I'm really **~ of** that CD. / I'm really **~ of** listening to that CD. Can't you play something else?
p.16/A7	**puzzle** ['pʌzl]	Rätsel	
p.17/A8	**bagel** ['beɪgl]	Bagel *(ringförmiges Brötchen)*	
	cream cheese [ˌkriːm 'tʃiːz]	Frischkäse	
	cream [kriːm]	Sahne; Creme	
	coffee ['kɒfi]	Kaffee	
	counter ['kaʊntə]	Theke, Ladentisch	
	Jewish ['dʒuːɪʃ]	jüdisch	
	immigrant ['ɪmɪgrənt]	Einwanderer/Einwanderin	**!** stress: **<u>im</u>migrant** ['ɪmɪgrənt]

p.20/P1 **borough** ['bʌrə, *AE:* 'bɜːrəʊ] (Stadt-)Bezirk

New York: the five boroughs

the Bronx	[brɒŋks]	der nördlichste Bezirk; liegt als einziger auf dem Festland
Manhattan	[mæn'hætn]	Insel zwischen dem Hudson und dem East River, berühmt für ihre Wolkenkratzer
Queens	[kwiːnz]	der größte Bezirk; im Südwesten der Insel Long Island gelegen; vor allem Wohngebiet
Brooklyn	['brʊklɪn]	wie Queens auf Long Island gelegen; die berühmte Brooklyn Bridge verbindet Brooklyn mit Manhattan
Staten Island !	[ˌstætn‿'aɪlənd]	Insel an der Einfahrt zum Hafen von New York, mit Manhattan durch Fährbetrieb verbunden

American English (II)

p.20/P2

Different words

American English	British English	
cookie ['kʊki]	**biscuit**	Keks
eraser [ɪ'reɪsər; *BE:* ɪ'reɪzə]	**rubber**	Radiergummi
French fries [fraɪz]	**chips**	Pommes frites
garbage ['gɑːrbɪdʒ]	**rubbish**	Müll, Abfall
pants [pænts]	**trousers**	Hose
potato chips	**crisps**	Kartoffelchips
schedule ['skedʒuːl; *BE:* 'ʃedjuːl]	**timetable**	Stundenplan; Fahrplan

Different pronunciation

ask, last	**AE:** [æ] [æsk], [læst]	**BE:** [ɑː] [ɑːsk], [lɑːst]
new, Tuesday	**AE:** [uː] [nuː], ['tuːzdeɪ]	**BE:** [juː] [njuː], ['tjuːzdeɪ]
clock, hot	**AE:** [ɑː] [klɑːk], [hɑːt]	**BE:** [ɒ] [klɒk], [hɒt]

- In American English, you can usually hear the **'r'** in words like **here, more, shirt, farm**.
- A **'t'** between two vowels often sounds more like a **'d'**, for example in **city, better, writer**.

p.21/P4	**change** [tʃeɪndʒ]	Kleingeld	
p.22/P7	(to) **take a break**	eine Pause machen	We've worked long enough now. Let's **take a ~**.
p.22/P8	**ticket agent** ['tɪkɪt‿ˌeɪdʒənt]	*Angestellte(r) in Kartenvorverkaufsstelle*	somebody who sells tickets
p.23/P9	**zoo** [zuː]	Zoo	*French:* le zoo
	skyscraper ['skaɪskreɪpə]	Wolkenkratzer	
	collection [kə'lekʃn]	Sammlung	verb: (to) **collect** – noun: **collection** *French:* la collection

p.25/P13 **safety** ['seɪfti] Sicherheit

„Sicherheit"

They'll be safe if they stay in the car.

A **security** check at the airport

safety = Sicherheit *(das Sichersein vor Gefahr)*

security = Sicherheit, Sicherheitsvorkehrungen

(to) **work** sth. **out** etwas herausarbeiten, herausfinden

context [ˈkɒntekst]	Kontext, Zusammenhang	*French:* le contexte

You can tell me

p.26	**kiss** [kɪs]	Kuss	
	(to) **kiss**	küssen	
	cheek [tʃiːk]	Wange	a **kiss** on the **cheek**
	(to) **leave** sb. **alone**	jn. in Ruhe lassen	**Leave me ~**. I'm trying to work.
	nanny [ˈnæni]	Kindermädchen	a woman who looks after very young children in their home
	servant [ˈsɜːvənt]	Diener/in, Bedienstete(r)	In the old days, people had lots of **~s** who cleaned the house and cooked for them.
	(to) **gasp** [gɑːsp]	nach Luft schnappen *(auch: vor Überraschung)*	Tim **~ed** as he walked up the hill. 'This is hard work,' he thought.
	painting [ˈpeɪntɪŋ]	Gemälde	

except [ɪkˈsept]	außer	

(to) **appreciate** [ə'pri:ʃieɪt]	schätzen, zu schätzen wissen	Thank you very much. I really ~ your help.
suit [su:t]	Anzug; (Damen-)Kostüm	
(to) **seem (to be/to do)** [si:m]	(zu sein/zu tun) scheinen	You ~ **(to be)** tired. Did you sleep long enough?
drug [drʌg]	Droge, Rauschgift; Medikament	His eyes look strange. He seems to be on **~s**. Doctors hope the new ~ will help people with heart problems.
(to) **suggest** sth. **(to** sb.**)** [sə'dʒest]	(jm.) etwas vorschlagen	'Let's go for a walk,' Kelly **~ed to** Anthony. ! My teacher **suggested** that we ask our parents. (*Not:* ... ~~suggested to ask~~ ...)
p.27 **I feel sick.** [sɪk]	Mir ist schlecht.	
(to) **lean over** [ˌli:n‿'əʊvə]	sich herüberbeugen, -lehnen	Suddenly Mike **~ed over** and gave me a kiss.
we **should** ... [ʃəd, ʃʊd]	wir sollten ...	I think we ~ ask John before we take his CDs.
(to) **take off** *(infml)*	sich davonmachen, sich aus dem Staub machen	When they saw the police, the thieves **took** ~ in a fast car.
tear [tɪə]	Träne	**tears**
(to) **cry** [kraɪ]	weinen	She's **crying**.
It's not my fault. [fɔ:lt]	Es/Das ist nicht meine Schuld.	Don't blame me! **It wasn't my** ~ that we lost the match.

	blond [blɒnd]	blond, hell	*French:* blond, e
	(to) **scream** [skriːm]	schreien, kreischen	The children **~ed** when they saw the mice.
	(to) **kick** [kɪk]	treten	
	I didn't care. [keə]	Es war mir egal.	It wasn't cheap, but **I didn't ~** ... I bought it anyway.
p. 28	(to) **tear** sth. **off** [teə], **tore** [tɔː], **torn** [tɔːn]	etwas abreißen	She **tore ~** a piece of paper and wrote down my phone number.
	(to) **press** sth. [pres]	etwas drücken; auf etwas drücken	
	cab [kæb]	Taxi	another word for 'taxi'
	brave [breɪv]	mutig	! German „brav" = English **good** English **brave** = German „mutig"
	(to) **get rid of** sb./sth. [rɪd]	jn./etwas loswerden	She wasn't very friendly. I think she wanted to **get ~ of** me.
	bench [bentʃ]	(Sitz-)Bank	! **bench** = Bank *(zum Sitzen)* **bank** = Bank *(Geldinstitut)*  a **bench**
	heading ['hedɪŋ]	Überschrift	

Unit 2: California, the 'Golden State'?

p.34	**endless** ['endləs]	endlos	an **endless** discussion, an **endless** journey
	governor ['gʌvənə]	Gouverneur/in	! stress: **governor** ['gʌvənə]
	maid [meɪd]	Hausangestellte, Zimmermädchen	
	(to) **pick** fruit/flowers/... [pɪk]	Obst/Blumen/... pflücken	**Picking fruit** 
	scenery ['siːnəri]	*(schöne)* Landschaft	We just want to relax and enjoy the ~.
	minority [maɪ'nɒrəti]	Minderheit	There are 16 girls and 11 boys in my class. The boys are in the ~. *French:* la minorité
	majority [mə'dʒɒrəti]	Mehrheit	The girls are in the ~. *French:* la majorité **majority ◄► minority**
p.36/A1	**culture** ['kʌltʃə]	Kultur	! stress: **culture** ['kʌltʃə] *French:* la culture
	attitude (to, towards) ['ætɪtjuːd]	Haltung (gegenüber), Einstellung (zu)	What's your ~ **to/towards** clothes? Do you always buy the latest fashion? *French:* l'attitude *(f)*
	(to) **fit in (-tt-)** [ˌfɪt‿'ɪn]	hineinpassen; sich einfügen, sich anpassen	You won't ~ **in** if you don't like team work. He didn't like the others, but he tried to ~ **in**.

experience [ɪk'spɪəriəns]	Erlebnis, Erfahrung	How was your trip to Canada? – It was a great **~**. He didn't get the job. He hasn't got enough **~**. *French:* l'expérience *(f)*
(to) **experience** [ɪk'spɪəriəns]	erleben, erfahren	Have you ever **~d** bullying at school?

anybody/anyone, everybody/everyone, ...

Neben den Zusammensetzungen **anybody, everybody, somebody, nobody** gibt es auch – bei gleicher Bedeutung – die Zusammensetzungen auf **-one:**

anyone, everyone, someone, **!** *(two words:)* **no one**.

anybody / anyone	['eniwʌn]	(irgend)jemand
everybody / everyone	['evriwʌn]	jeder, alle
somebody / someone	['sʌmwʌn]	jemand
nobody / no one	['nəʊ‿wʌn]	niemand

ethnic ['eθnɪk]	ethnisch	There are people from lots of different **~** groups in our city: people from Turkey, Russia, Bosnia, ...
(to) **be prejudiced (against)** ['predʒədɪst]	voreingenommen sein (gegen), Vorurteile haben (gegenüber)	I can't understand why some people **are ~ against** minorities.
prejudice (against) ['predʒudɪs]	Voreingenommenheit (gegen), Vorurteil (gegenüber)	I think Americans speak really awful English. – I'm sorry, but that is just a **~**.
(to) **discriminate against** sb. [dɪ'skrɪmɪneɪt]	jn. diskriminieren, jn. benachteiligen	I think it's wrong to **~ against** minorities. **! jn.** diskriminieren = (to) discriminate **against sb.**
discrimination (against) [dɪˌskrɪmɪ'neɪʃn]	Diskriminierung (von), Benachteiligung (von)	Men often get more money than women for the same job. That's **~ against** women.

	(to) **act** [ækt]	handeln, sich verhalten	Jane is 15 now, but she still **~s** like a child.
	disadvantage [ˌdɪsəd'vɑːntɪdʒ]	Nachteil	Not being able to drive can be a ~ when you're looking for a job. *French:* le désavantage
	advantage (over sb./sth.**)** [əd'vɑːntɪdʒ]	Vorteil (gegenüber jm./etwas)	Cats have an ~ **over** dogs: they can climb trees. *French:* l'avantage *(m)*
	opinion (of) [ə'pɪnjən]	Meinung (von, zu)	Man U were fantastic. – Do you think so? **In my ~**, Arsenal played better. (Meiner Meinung nach ...) *French:* l'opinion *(f)*
	bilingual [ˌbaɪ'lɪŋgwəl]	zweisprachig	~ people = people who speak two languages really well (often because they learned them as children) *French:* bilingue
	relations *(pl)* [rɪ'leɪʃnz]	Beziehungen	Germany has good ~ with all its neighbours.
	(to) **succeed (in** sth.**)** [sək'siːd]	Erfolg haben, erfolgreich sein (mit etwas, bei etwas)	(to) be successful
p.37/A3	(to) **be/feel bored** [bɔːd]	gelangweilt sein, sich langweilen	There was no one I knew at the party. I **was ~** and left early.
	(to) **shake** [ʃeɪk], **shook** [ʃʊk], **shaken** ['ʃeɪkən]	schütteln; zittern	**Shake** the bottle before you open it. Look, he's nervous: his hands are **shaking**.

hard *(adv)* [hɑːd]	heftig, kräftig	I hit him ~ and he fell to the ground.
(to) **interrupt** [ˌɪntəˈrʌpt]	unterbrechen	Please don't ~ me when I'm talking. Wait till I've finished.
(to) **plant** [plɑːnt]	pflanzen, einpflanzen	 (to) **plant**  a **plant**
plant [plɑːnt]	Pflanze	
industry [ˈɪndəstri]	Industrie	! stress: **industry** [ˈɪndəstri]
industrial [ɪnˈdʌstriəl]	industriell, Industrie-	noun: **industry** [ˈɪndəstri] – adjective: **industrial** [ɪnˈdʌstriəl] *French:* l'industrie *(f)* – industriel, le
production [prəˈdʌkʃn]	Produktion, Herstellung	! stress: **production** [prəˈdʌkʃn] *French:* la production
process [ˈprəʊses]	Prozess, Verfahren	! stress: **process** [ˈprəʊses]
insect [ˈɪnsekt]	Insekt	! stress: **insect** [ˈɪnsekt] *French:* l'insecte *(m)*
(to) **spray** [spreɪ]	sprühen; besprühen	

any („irgendein beliebiger“)

Du kennst **any** bereits in verneinten Aussagesätzen und in Fragen:

We haven't got **any** biscuits. Have we got **any** crisps?	Wir haben keine Kekse. Haben wir Chips?

Man verwendet **any** auch, wenn **„irgendein“, „jeder beliebige“** gemeint ist.
In dieser Bedeutung kann **any** auch in bejahten Aussagesätzen stehen.

The US produces more strawberries than **any** other country.	... als **jedes** andere / **irgendein** anderes Land
You can have **any** bagel with tomato, bacon, ...	... **jeden (beliebigen)** Bagel
It's easy to dance – **anyone** can do it.	... **jeder (Beliebige)**
I was too scared to say **anything.**	... **irgendetwas** zu sagen
You can tell me **anything**.	... **alles (, was es auch sei / egal, was es ist)**

any/anybody wird oft nach **if** verwendet: If **anybody** has **any** questions, I'll try to answer them.

p.38/A4 **supper** ['sʌpə]	Abendessen, Abendbrot	! **supper**: an evening meal at home, hot or cold **dinner**: a hot meal, at home or at a restaurant
(to) **cry** [kraɪ]	schreien, rufen	! (to) **cry** = **1.** weinen; **2.** schreien, rufen
border ['bɔːdə]	Grenze	The US only has a ~ with Canada and Mexico.
(to) **run**	verlaufen *(Straße; Grenze)*	The cycle path **~s** on both sides of the river.
(to) **reach** [riːtʃ]	erreichen	When we **~ed** the station, I went to the ticket machine to buy our tickets.
patrol [pə'trəʊl]	Streife, Patrouille	The thieves saw the police ~ and ran away. *French:* la patrouille

	illegal [ɪ'li:gl]	illegal, ungesetzlich	*French:* illégal, e
	legal ['li:gl]	legal	! stress: **legal** ['li:gl] *French:* légal, e
	fence [fens]	Zaun	a **fence** 
p.38/A5	**amnesty** ['æmnəsti]	Amnestie, Begnadigung	
p.42/P2	**synonym** ['sɪnənɪm]	Synonym *(Wort mit gleicher oder sehr ähnlicher Bedeutung)*	Words with the same meaning (or almost the same meaning) are called **~s**. *French:* le synonyme
p.43/P4	**camp** [kæmp]	Camp, (Ferien-)Lager	
	specific [spə'sɪfɪk]	bestimmte(r, s), spezifische(r, s)	Let's meet between three and six. – No. Let's agree on a ~ time.
	(to) **picture** sth. ['pɪktʃə]	sich etwas (bildlich) vorstellen	I couldn't think of the name of the street, so I tried to ~ the street sign.
	vegetarian [ˌvedʒə'teəriən]	vegetarisch; Vegetarier/in	We only eat ~ food (= meals without meat). We're **~s**. *French:* végétarien, ne – le végétarien, la végétarienne
	analysis [ə'næləsɪs], *pl* **analyses** [ə'næləsi:z]	Analyse, Auswertung	! stress: **analysis** [ə'næləsɪs]

p.44/P6	**Re: ...** [riː]	Betreff: ...	
p.45/P8	**sportsman, sportswoman**	Sportler, Sportlerin	
p.46/P12	(to) **run into** sth./sb.	gegen etwas fahren / jn. anfahren	He couldn't stop the car and **ran ~** a stone wall. Drive carefully or you'll **run ~** somebody.
p.47/P14	**theme park** ['θiːm pɑːk]	Themenpark *(Freizeitpark mit Attraktionen zu einem bestimmten Thema)*	
	opening hours *(pl)*	Öffnungszeiten	
p.48/P15	**recorded message**	(automatische) Telefonansage	
	Don't panic. ['pænɪk]	Keine Panik. / Bleib ruhig.	
	line [laɪn]	Leitung *(Telefon)*	

Santa Monica – Episode 1 of a TV series

p.49	**episode** ['epɪsəʊd]	Folge *(einer Fernsehserie)*	! stress: **episode** ['epɪsəʊd] *French:* l'épisode *(f)*
	the Pacific (Ocean) [pəˌsɪfɪk‿'əʊʃn]	der Pazifische Ozean, der Pazifik	
	the Atlantic (Ocean) [ətˌlæntɪk‿'əʊʃn]	der Atlantische Ozean, der Atlantik	
	cold [kəʊld]	Kälte	Come in! Don't stand outside in the ~.

(to) **want** sb. **to do** sth.	wollen, dass jd. etwas tut	**!** I **want you to help** your sister. = Ich **möchte, dass du** deiner Schwester **hilfst**. *Nie:* ~~I want that you help~~ ...
comfortable ['kʌmftəbl]	bequem	Come in and make yourself **~**. (= ... und machen Sie es sich bequem.) **!** stress: **comfortable** ['kʌmftəbl]
tie [taɪ]	Krawatte, Schlips	
(to) **tie** [taɪ]	binden	He's **tying** his son's tie. / She's **tying** her hair back. **!** -ing form: **tying**
engine ['endʒɪn]	Motor	
(to) **make sure** that ...	sich vergewissern, dass ...; dafür sorgen, dass ...	Please **~ sure that** the windows are closed when you leave the house.
p.50 **There you go!** *(infml)*	*etwa:* So, das hätten wir.	**There you go** – your TV's working again.
depressed [dɪ'prest]	deprimiert, niedergeschlagen	
depressing [dɪ'presɪŋ]	deprimierend, trostlos	

He's **tying** his son's tie.

She's **tying** her hair back.

guilty ['gɪlti]	schuldbewusst; schuldig	I felt so ~ because I forgot my mum's birthday. He would never steal anything. He can't be ~.
jail [dʒeɪl]	Gefängnis	
(to) **crash** sth. [kræʃ]	einen Unfall mit etwas haben	I **~ed** our car last week, but luckily I wasn't hurt.
fight [faɪt]	Kampf; Schlägerei	verb: (to) **fight** – noun: **fight**
(to) **change** [tʃeɪndʒ]	(sich) ändern; (sich) verändern	We've **~d** our plans. We're having lunch here, not at the café. Water **~s** into ice when it's cold. *French:* changer
(to) **give up**	aufgeben	
boyfriend ['bɔɪfrend]	(fester) Freund	
girlfriend ['gɜːlfrend]	(feste) Freundin	
(to) **get to know** sb.	jn. kennenlernen	**!** • I **got to know** her better during summer camp. (jn. ***im Lauf der Zeit*** kennenlernen) • You don't know him, but you'll **meet** him on Sunday. (jn. ***erstmals*** kennenlernen)
serious ['sɪəriəs]	ernst, ernsthaft	We've got a ~ problem. I've lost the car keys. *French:* sérieux, sérieuse We could walk home. – **Seriously**? You can't mean that. It's over five miles! („Im Ernst? ...“)

p.51 **whoever** [huːˈevə] | wer/wen/wem (auch) immer | It's *your* birthday party; you can invite ~ you like.

whoever, whatever, whenever, wherever

Whoever told you that was wrong.	**Wer immer** dir das **(auch)** erzählt hat, hatte Unrecht.
I'll help you **whatever** happens.	Ich werde dir helfen, **was immer auch** geschieht.
Visit us **whenever** you like.	Besuch uns, **wann immer** du magst.
Wherever you go, I'll come with you.	Ich komme mit, **wo auch immer** du hingehst.

drunk [drʌŋk]	betrunken	
cigarette [ˌsɪgəˈret]	Zigarette	*French:* la cigarette
(to) **light** [laɪt]**, lit, lit** [lɪt]	anzünden	(to) **light** a firework
(to) **work out** [ˌwɜːk‿ˈaʊt]	gut ausgehen	Don't worry. Things will **work ~** in the end.
since [sɪns]	da (ja), weil	**Since** it was raining, I decided to stay at home.
niece [niːs]	Nichte	a daughter of someone's brother or sister *French:* la nièce
nephew [ˈnefjuː, ˈnevjuː]	Neffe	a son of someone's brother or sister *French:* le neveu

fat [fæt]	dick	a **fat cat** 
p.52 (to) **offer** ['ɒfə]	anbieten	The language school **~s** French and Spanish courses.
towel ['taʊəl]	Handtuch	
I'll take it from here.	*etwa:* Ich übernehme das jetzt. / Ich komme jetzt allein klar.	Do you need any more help? – No, thanks. **I'll ~ it from here.**
character ['kærəktə]	Person, Figur *(in Roman, Film)*	! stress: **character** ['kærəktə]

Unit 3: Hermann says 'Willkommen'

p.54 **event** [ɪ'vent]	Ereignis; Veranstaltung	The first day at school is a big ~ in a child's life.
at first	zuerst, am Anfang	! • I didn't like him **at first**, but later we became friends. (= **zuerst, am Anfang**) • I can't go out, I have to finish my homework **first**. (= **zuerst, als Erstes**)
grape [greɪp]	Weintraube	some **grapes** 
harvest ['hɑːvɪst]	Ernte	

p.55	**tradition** [trə'dɪʃn]	Tradition	! stress: **tradition** [trə'dɪʃn] *French:* la tradition
	alive [ə'laɪv]	am Leben, lebendig	! pronunciation: **alive** [ə'laɪv] – (to) **live** [lɪv] **alive ◄► dead**
p.56/A1	**system** ['sɪstəm]	System	! stress: **system** ['sɪstəm] *French:* le système
	elementary school [ˌelɪ'mentri skuːl]	*(USA)* Grundschule *(für 6- bis 11-Jährige)*	
	kindergarten ['kɪndəgɑːtn]	Kindergarten; *(USA)* Vorschule *(für 5- bis 6-Jährige)*	
p.56/A2	**period** ['pɪəriəd]	(Unterrichts-/Schul-)Stunde	= *BE* lesson
	semester [sɪ'mestə]	Semester *(Schulhalbjahr in den USA)*	! In Großbritannien ist das Schuljahr in drei **terms** unterteilt, in den USA in zwei **semesters**.
	gym [dʒɪm]	Sporthalle, Turnhalle	! **gym** = Sport-, Turnhalle (*nicht:* ~~Gymnasium~~)
	health [helθ]	Gesundheit; Gesundheitslehre	noun: **health** – adjectives: **healthy, unhealthy**
	study hall ['stʌdi hɔːl]	*Zeit zum selbstständigen Lernen in der Schule*	At Hermann High students have **~ hall** every day after lunch.
	(to) **study** ['stʌdi]	studieren; sorgfältig durchlesen; lernen	When I finish school, I'm going to ~ history. My dad **studies** the sports page every morning. There's a test tomorrow, so I have to ~ tonight.

government ['gʌvənmənt]	Regierung (*als Schulfach etwa:* Staatskunde)	*French:* le gouvernement
p.56/A3 **bulletin board** ['bʊlətɪn bɔːd] *(AE)*, **notice board** ['nəʊtɪs bɔːd] *(BE)*	Anschlagtafel, „schwarzes Brett“	a **bulletin board** *(AE)* / **notice board** *(BE)*
(to) **take part (in)**	teilnehmen (an)	(to) join other people in an activity: 12 students **took ~ in** the school play.
extracurricular activities (*or:* **extracurriculars**) [ˌekstrəkə'rɪkjələz]	*schulische Angebote außerhalb des regulären Unterrichts, oft als Arbeitsgemeinschaften*	
grade [greɪd] (*BE auch:* **mark** [mɑːk])	(Schul-)Note, Zensur	

US school grades

+	A	**excellent** ['eksələnt]	ausgezeichnet, hervorragend
↑	B	**good**	gut
	C	**average** *(n; adj)* ['ævərɪdʒ]	Durchschnitt; durchschnittlich
↓	D	**below average**	unter Durchschnitt; unterdurchschnittlich
–	F	**failure** *(n)* ['feɪljə]	ungenügend

see-through ['siːθruː]	durchsichtig	
(to) **be allowed**	erlaubt sein	**!** • See-through clothes **are not allowed** here. = ... **sind** hier **nicht erlaubt**. • **I'm not allowed to** wear see-through clothes. = Ich **darf** ... **nicht** tragen.
(to) **break** [breɪk], **broke** [brəʊk], **broken** ['brəʊkən]	(zer)brechen; kaputt gehen	She **broke** the school rules and was sent home. Please be careful with my MP3 player. Don't ~ it. All the plates fell to the floor and **broke**.
(to) **change** [tʃeɪndʒ]	sich umziehen; wechseln	Your clothes are dirty. Please go home and ~. Do you ~ classrooms after each lesson at your school? *French:* (se) changer

(to) change

(sich) ändern, (sich) verändern	We had to **change** our holiday plans. The weather was **changing**, so we hurried home.
wechseln	We **changed** some money at the airport. We were late and didn't have time to **change** clothes.
sich umziehen	I was still wearing my working clothes, so I went upstairs and **changed**.
umsteigen	Can we go directly to Berlin or do we have to **change** at Hanover?

►►►

change

(Ver-)Änderung, Wechsel	It will be a big **change** when you move from London to the country. The **change** from one school to another can be hard for some students.
Wechselgeld; Kleingeld	Always count your **change**! Shop assistants can make mistakes. Have you got enough **change** for the ticket machine?

p.57/A6	**meeting** ['miːtɪŋ]	Versammlung, Besprechung; Treffen, Begegnung	The photo club **~s** are on Fridays. verb: (to) **meet** – noun: **meeting**
	and so on (*short*: **etc.** [et'setərə])	und so weiter (usw.)	We need stuff for sandwiches: bread, lettuce, ham, cheese, **and so ~**. (... ham, cheese, **etc.**)
	wine [waɪn]	Wein	*French:* le vin
	(to) **be** a farmer, a teacher, ...	Bauer, Lehrer/in, ... werden	! Wenn es um Berufspläne geht, wird für das deutsche „werden" meist **be** benutzt: What do you want to **be** when you're older? Are you going to **be** a farmer like your dad?
	(to) **apply (for** sth.**)** [ə'plaɪ]	sich bewerben (um/für etwas); etwas beantragen	Did your sister **~ for** the job? – Yes, but she didn't get it.
	college ['kɒlɪdʒ]	Hochschule, Fachhochschule	
	(to) **get involved (in)** [ɪn'vɒlvd]	sich engagieren (für, bei); sich beteiligen (an)	Alex **got ~ in** the drama club soon after he started school.
	foreign ['fɒrən]	ausländisch, fremd	That car must be **~**. Look at the number plate. (to) learn **~** languages (Fremdsprachen lernen)

	(to) **debate** [dɪ'beɪt]	debattieren	verb: (to) **debate** – noun: **debate** *French:* débattre – le débat
	cheerleader ['tʃɪəliːdə]	Cheerleader *(Stimmungsanheizer/in bei Sportereignissen)*	
p.57/A7	**private** ['praɪvət]	privat	! stress and pronunciation: **private** ['praɪvət] *French:* privé, e
p.58/A8	**class**	Unterricht; Kurs	What did you learn in French ~ today? I do an evening ~ in painting on Fridays.
	pyramid ['pɪrəmɪd]	Pyramide	! stress: **pyramid** ['pɪrəmɪd]
	butter ['bʌtə]	Butter	
	rice [raɪs]	Reis	
	pasta *(no pl)* ['pæstə]	Nudeln, Teigwaren	

little	wenig	! These plants need very ~ water. (= nicht viel) These plants need **a** ~ water. (= ein bisschen)

little („wenig“) – few („wenige“)

- **little** + uncountable nouns: **a little time, money, water, bread, ...**
  wenig + nicht zählbare Nomen: ein wenig/ein bisschen Zeit, Geld, Wasser, Brot, ...
- **few** + plural of countable nouns: **a few hours, dollars, bottles, sandwiches, ...**
  wenige + Plural von zählbaren Nomen: wenige/ein paar Stunden, Dollar, Flaschen, Sandwiches, ...

Are you hungry? We've got **a little bacon** and **a few eggs**. ... ein wenig/ein bisschen Schinken und ein paar Eier

Comparison (Steigerung):

little – less – (the) least

I've got so **little** hair.
... so wenig Haare

I've got **less** hair.
... weniger Haare

I've got **the least** hair.
... die wenigsten Haare

product ['prɒdʌkt]	Produkt, Erzeugnis	! verb: (to) **produce** [prə'dju:s] (produzieren) nouns: **production** [prə'dʌkʃn] (Produktion) **product** ['prɒdʌkt] (Produkt)
poultry ['pəʊltri]	Geflügel	Can you buy a chicken at the ~ shop, please?

bean [bi:n]	Bohne	
whole-grain ['həʊlgreɪn]	Vollkorn-	**whole-grain** products: ~-~ bread, ~-~ biscuits
grain [greɪn]	Korn	
exercise *(no pl)*	(körperliche) Bewegung, Training	! • **exercise(s)** = Übung(en): Which **exercises** have we got for homework? • **exercise** *(no pl, no article)* = Bewegung: The doctors say I need more **exercise**.
p.58/A 9 **muesli** ['mju:zli]	Müsli	
p.58/A 10 **quality** ['kwɒləti]	Qualität	! stress: **<u>qua</u>lity** ['kwɒləti] *French:* la qualité
fresh [freʃ]	frisch	
(to) **care about** sth. [keə]	etwas wichtig nehmen	! • I **care about** what I eat. (= What I eat is important to me.) • Many people **don't care** if their food is fresh. (= Fresh food is not important to them.)

everybody ... they

Nach **everybody, someone, nobody** usw. kannst du **they/them/their** verwenden, um die schwer zu lesenden Ausdrücke *he or she / him or her / his or her* zu vermeiden.

Not **everybody** cares if **their** food is fresh. (*statt:* ... if his or her food ...)

Someone left **their** purse on the table. (*statt:* ... his or her purse ...)

Nobody likes it when **they** lose a game. (*statt:* ... he or she loses ...)

a person/friend/student ... they

Auch nach **person, friend, student** usw. kann **they/them/their** stehen, wenn es nicht wichtig oder nicht klar ist, ob ein Mann oder eine Frau gemeint ist.

In this game, you think of a **person** and what clothes **they** might wear. (*statt:* ... he or she ...)

If you have a good **friend** and you ask **them** for help, **they** will help you.

Each **student** reads the sentence **they** wrote to **their** group.

	as long as *(conj)*	solange, sofern	There'll be no trouble **as ~ as** you don't break the rules.
p.59/A11	**local** ['ləʊkl]	Lokal-, örtlich; am/vom Ort	Find out what's going on in your hometown! Read your ~ paper and listen to your ~ radio station! *French:* local, e
	scrapbook ['skræpbʊk]	Sammelalbum	
	(to) **return** [rɪ'tɜːn]	zurückkehren	I left Britain in May and **~ed** in July. *French:* retourner
	sister city *(AE)*	Partnerstadt	= *BE* twin town
	active ['æktɪv]	aktiv, tätig	! stress: <u>**ac**</u>**tive** ['æktɪv] *French:* actif, active
	interest (in) ['ɪntrəst]	Interesse (an)	*French:* l'interêt (pour) *(m)*
	soccer ['sɒkə]	Fußball	! In <u>Amerika</u> wird „Fußball" als **soccer** bezeichnet (**football** steht dort für **American football**). In <u>Großbritannien</u> wird meist **football** verwendet; **soccer** klingt dort eher förmlich.

guide [gaɪd]	(Fremden-)Führer/in, Reiseleiter/in	
raft [rɑ:ft]	Schlauchboot *(wildwassertauglich)*	a **raft**  **Going rafting.**
(to) **be worried (about)** ['wʌrid]	beunruhigt sein, besorgt sein (wegen/um)	Hannah **is ~ about** her grandfather. He's very ill. verb: (to) **worry** – adjective: **worried**
original *(n; adj)* [ə'rɪdʒənl]	Original; Original-; ursprünglich	
(to) **leave** sth. **out** [ˌli:v‿'aʊt]	etwas weglassen/auslassen	If an exam question is difficult, **~** it **out** and go back to it later. If you don't like onions, **~** them **out**.
direct speech [ˌdaɪrekt 'spi:tʃ]	direkte Rede, wörtliche Rede	

gus Bethune's moment

'ri:fleks]	Reflex	**!** stress: **re**flex ['ri:fleks] *French:* le réflexe
:t]	clever, schlau	
'for sth.)	etwas (ein)tauschen (für etwas/ gegen etwas)	Jake **~ped** his old bike **for** a new skateboard.

elect sb. sth. [ɪ'lekt]	jn. zu etwas wählen	They **~ed** her leader of the youth club. ! ... **elected her leader** = ... wählten sie **zur** Leiterin
election [ɪ'lekʃn]	Wahl *(von Kandidaten bei einer Abstimmung)*	*French:* l'élection *(f)*
(to) **vote for** sb. [vəʊt]	für jn. stimmen	! Nicht verwechseln: • 14 members **voted for** Fay, but 19 members **voted for** Kate. ... stimmten für Kate • Kate **was elected** leader of the club. Kate wurde zur Leiterin des Klubs gewählt.
(to) **fall in love (with** sb.**)**	sich verlieben (in jn.)	My best friend **has fallen in ~ with** my sister.
(to) **ache** [eɪk]	wehtun	! pronunciation: (to) **ache** [eɪk]
dentist ['dentɪst]	Zahnarzt, -ärztin	*French:* le/la dentiste
p.69 (to) **sweat** [swet]	schwitzen	! pronunciation: (to) **sweat** [swet], **sweatshirt** ['swetʃɜːt] verb: (to) **sweat** – noun: **sweat** („Schweiß")
(to) **compare** [kəm'peə]	vergleichen	*French:* comparer
Never mind. [ˌnevə 'maɪnd]	*etwa:* Nicht so wichtig. / Ist (doch) egal. / Das willst du gar nicht wissen.	
I can take it.	Ich halt's aus. / Ich kann's aushalten.	

heaven ['hevn]	Himmel *(im religiösen Sinn)*	**!** • (clouds/planes) in the **sky** = (Wolken/Flugzeuge) am Himmel • (to) be in **heaven** / (to) go to **heaven** = im Himmel sein / in den Himmel kommen
(to) **throw up** [ˌθrəʊ‿'ʌp], **threw up** [θruː], **thrown up** [θrəʊn]	sich übergeben	The man was so drunk that he **threw ~** all over the taxi.
actually ['æktʃuəli]	nebenbei bemerkt; übrigens	I love Katie Melua. She's a great singer! – And she's a good songwriter too, **~**.
tight [taɪt]	fest	
p.70 (to) **clap (-pp-)** [klæp]	(Beifall) klatschen	
polite [pə'laɪt]	höflich	She told me to mind my own business. – That wasn't very **~**. Actually, it was quite rude. *French:* poli, e
(to) **protest** [prə'test]	protestieren	Hundreds of people came out to **~** against the new road through the forest. *French:* protester
circle ['sɜːkl]	Kreis	a **circle** 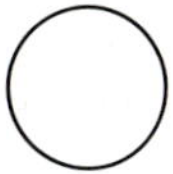 *French:* le cercle
fist [fɪst]	Faust	a **fist** 
plot [plɒt]	Handlung *(eines Romans, Films)*	

Unit 4: Atlanta rising

p.76 (to) **rise** [raɪz], **rose** [rəʊz], **risen** ['rɪzn]	(auf)steigen	The helicopter **rose** and disappeared into the sky. Black smoke was **rising** from the building.
during ['djʊərɪŋ]	während	

German 'während'

- before a noun: **during** *(prep)*

  John phoned **during** the football match. ... **während** des Fußballspiels

- before a clause: **as** *or* **while** *(conj)*

  John phoned **as/while** we were watching the football match. ... **während** wir das Fußballspiel schauten

civil war [ˌsɪvl 'wɔː]	Bürgerkrieg	
war [wɔː]	Krieg	
cotton ['kɒtn]	Baumwolle	*French:* le coton
plantation [plɑːn'teɪʃn]	Plantage	
violence ['vaɪələns]	Gewalt, Gewalttätigkeit	My dad says there's too much sex and ~ on TV.
violent ['vaɪələnt]	gewalttätig; gewaltsam	noun: **violence** – adjective: **violent** *French:* la violence – violent, e
non-violent [nɒn]	gewaltlos, gewaltfrei	**violent** ◄► **non-violent**

	Olympic Games [əˌlɪmpɪk 'geɪmz]	Olympische Spiele	
p.77	**African-American** [ˌæfrɪkən‿ə'merɪkən]	afro-amerikanisch	If you're in Detroit, try and visit the Museum of **~-American** History.
	mayor [meə]	Bürgermeister/in	! pronunciation: **mayor** [meə]
	civil rights *(pl)* [ˌsɪvl 'raɪts]	Bürgerrechte	
	right [raɪt]	Recht	! (to) **be right** = Recht haben, im Recht sein
	network ['netwɜːk]	*(Radio-, Fernseh-)*Sendernetz	
p.78/A1	**TV listings** *(pl)* ['lɪstɪŋz]	das Fernsehprogramm	
	prime time ['praɪm taɪm]	Hauptsendezeit	What kind of programmes can you see at **~ ~**?
	cable ['keɪbl]	Kabel *(auch kurz für* Kabelfernsehen)	a piece of **cable** 
	comedy ['kɒmədi]	Komödie; Comedy	*French:* la comédie
	documentary [ˌdɒkju'mentri]	Dokumentarfilm, -beitrag	*French:* le documentaire
	drama ['drɑːmə]	Fernsehspiel; Drama	
	crime series ['kraɪm ˌsɪəriːz]	Krimiserie	
	crime	Kriminalität; Verbrechen	! *German* **Krimi** = *English* **crime film, crime story**
	competition [ˌkɒmpə'tɪʃn]	Wettbewerb, Wettkampf	

p.78/A2	**anchorman/anchorwoman** ['æŋkəmæn, 'æŋkəwʊmən] **(***AE auch kurz:* **anchor)**	Moderator/Moderatorin *(von Nachrichtensendungen)*	 the **anchor(woman)**  an **anchor**
	comedian [kə'mi:diən]	Komiker/in	
	contestant [kən'testənt]	Kandidat/in *(in Fernsehshow)*, (Wettkampf-)Teilnehmer/in	
	host [həʊst]	*(Radio-, Fernseh-)*Moderator/in	*French:* le/la hôte
	rerun ['ri:rʌn] *(AE)***,** **repeat** [rɪ'pi:t] *(BE)*	Wiederholung *(einer Fernsehsendung)*	
	viewer ['vju:ə]	Zuschauer/in	
p.78/A3	(to) **be on**	gezeigt werden, laufen *(im Fernsehen)*	Please be quiet while the news **is ~**.
	(to) **last (for)** [lɑ:st]	dauern	The meeting **~ed (for)** over an hour.
p.79/A4	**You bet!** [bet] *(infml)*	Aber klar! / Und ob!	Did you enjoy your trip to Paris? – **You ~!**
	(to) **bet (-tt-)** [bet]**, bet, bet**	wetten	I ~ you can't run faster than me.
	dusty ['dʌsti]	staubig, verstaubt	

	archive ['ɑːkaɪv]	Archiv	! stress and pronunciation: **archive** ['ɑːkaɪv] *French:* les archives *(pl)*
	(to) **compete** [kəm'piːt]	konkurrieren, mithalten	Your pizza just can't ~ with my spaghetti! verb: (to) **compete** – noun: **competition**
	besides [bɪ'saɪdz]	außerdem	It's too late to go to the cinema. And ~, I've already seen the film.
p.79/A 6	**unbelievable** [ˌʌnbɪ'liːvəbl]	unglaublich	This is **~**! (= It's hard to believe.)
	traffic jam ['træfɪk dʒæm]	(Verkehrs-)Stau	a **traffic jam**
	for 20 minutes	seit 20 Minuten; 20 Minuten lang	We've lived here **for** five years now. (Wir wohnen jetzt seit fünf Jahren hier.) ! *Nicht:* We ~~live~~ here **for** five years now.
	explosion [ɪk'spləʊʒn]	Explosion	! stress: **explosion** [ɪk'spləʊʒn] *French:* l'explosion *(f)*
	terrorist ['terərɪst]	Terrorist/in; Terror-, terroristisch	! stress: **terrorist** ['terərɪst]
	(to) **drop** sb. **off** **(-pp-)** [drɒp]	jn. absetzen *(aussteigen lassen)*	He **~ped** her **off** at the station.

How long ...?	Seit wann ...? / Wie lange ...?	**~ ~** have Grandma and Grandpa been married?
p.80/A7 (to) **be on display** [dɪ'spleɪ]	ausgestellt sein/werden	Her photos **are on ~** at the local museum.
since April 4th [sɪns]	seit dem 4. April	We've lived here **since** 2003. (Wir wohnen seit 2003 hier.) ! *Nicht:* We ~~live~~ here **since** 2003.

German 'seit'

- **since** mit Zeit**punkt** (wann etwas begonnen hat)
  We've been here **since** last Sunday / April / 1998.
  Wir sind **seit** letztem Sonntag / April / 1998 hier.
- **for** mit Zeit**raum** (wie lange etwas bereits der Fall ist)
  We've been here **for** three days / a long time / years.
  Wir sind **seit** drei Tagen / langem / Jahren hier.

anniversary [ˌænɪ'vɜːsəri]	Jahrestag	May 8th is the **anniversary** of John's **death**. (Johns **Todestag**)
death [deθ]	Tod	

impressed [ɪm'prest]	beeindruckt	Jo wrote a great essay. His teacher was really **~**. *French:* impressionné, e

for ages ['eɪdʒɪz]	ewig, eine Ewigkeit	I've known her **for ~**. We went to kindergarten together.
since then	seitdem	He broke his leg last week and he's been in hospital **~ then**.
p.81/A9 **minister** ['mɪnɪstə]	Pastor/in, Pfarrer/in	! stress: **<u>mi</u>nister** ['mɪnɪstə]
(to) **segregate** ['segrɪgeɪt]	trennen *(nach Rasse, Religion, Geschlecht)*	Some people say that boys and girls learn better if they're **~d** at school.
segregation [ˌsegrɪ'geɪʃn]	(Rassen-)Trennung	
protest ['prəʊtest]	Protest	! noun: **<u>pro</u>test** ['prəʊtest] Protest verb: (to) **pro<u>test</u>** [prə'test] protestieren
march [mɑːtʃ]	Marsch, Demonstration	a **protest march** 
(to) **judge** sb. **(by)** [dʒʌdʒ]	jn. beurteilen, einschätzen (nach)	You shouldn't **~** people **by** their clothes.
skin [skɪn]	Haut	And you shouldn't judge people by the colour of their **~**.

	content ['kɒntent]	Gehalt, Inhalt	*French:* le contenu
	character ['kærəktə]	Charakter, Persönlichkeit	! stress: **<u>cha</u>racter** ['kærəktə]
	(to) **make a speech** [spiːtʃ]	eine Rede halten	
	research *(no pl)* [rɪ'sɜːtʃ, 'riːsɜːtʃ]	Recherche; Nachforschung(en)	I have to do some ~ on Atlanta for homework. ! (to) **do research** = recherchieren
	search engine ['sɜːtʃ‿ˌendʒɪn]	Suchmaschine	
	source [sɔːs]	Quelle *(von Information, Energie usw.)*	The internet is a good ~ of information if you have to do research. *French:* la source
p.85/P3	**collocation** [ˌkɒlə'keɪʃn]	Kollokation *(Wörter, die oft zusammen vorkommen)*	words that go together, for example: – *make the bed* (not: ~~*do*~~ *the bed*), – *do homework* (not: ~~*make*~~ *homework*)
p.87/P6	**exact** [ɪg'zækt]	exakt, genau	What's the ~ size of Germany? Do you know?
	(to) **draw conclusions** [ˌdrɔː kən'kluːʒnz], **drew** [druː], **drawn** [drɔːn]	Schlüsse ziehen, schlussfolgern	Don't ~ **conclusions** before you know all the facts.
p.89/P10	**holiday** ['hɒlədeɪ]	Feiertag	
p.89/P11	**president** ['prezɪdənt]	Präsident/in	! stress: **<u>pre</u>sident** ['prezɪdənt] *French:* le président, la présidente
p.89/P12	**freedom** ['friːdəm]	Freiheit	

Melba's story

p.91	**law** [lɔː]	Gesetz	It's against the ~ to drive a car when you're drunk.
	apart [ə'pɑːt]	auseinander, getrennt	My parents live ~, but they aren't divorced yet.
	court [kɔːt]	Gericht(shof)	Do you have to appear in ~ if you break traffic rules?
p.92	**separate** ['seprət]	getrennt, separat	The library has a ~ room for children's books. ! stress: **<u>se</u>parate** ['seprət] *French:* séparé, e
	merry-go-round ['merigəʊraʊnd]	Karussell	a **merry-go-round** 
	sir [sɜː]	*höfliche Anrede für einen Unbekannten (z. B. einen Kunden) oder einen Vorgesetzten*	
	as if [əz‿'ɪf]	als ob	Those flowers look ~ ~ they need water.
	(to) **be terrified (of)** ['terɪfaɪd]	schreckliche Angst haben (vor)	Everyone **was** ~ when the bank robber pulled out a gun.
	immediately [ɪ'miːdiətli]	sofort	My dog usually comes ~ when I call him. *French:* immédiatement

	(to) **volunteer** [ˌvɒlən'tɪə]	sich freiwillig melden, sich bereit erklären	Hundreds of doctors **~ed** to help the earthquake victims.
	volunteer [ˌvɒlən'tɪə]	Freiwillige(r)	*French:* le/la volontaire
	crowd [kraʊd]	(Menschen-)Menge	
	step [step]	Stufe	
p.93	(to) **block** [blɒk]	blockieren, (ver)sperren	A tree fell down in the storm and **~ed** the road.
	soldier ['səʊldʒə]	Soldat/in	
	cruel [kruːəl]	grausam	Don't you think it's ~ to keep animals in cages? *French:* cruel, le
	(to) **spit (at** sb.**) (-tt-)** [spɪt], **spat, spat** [spæt]	(jn. an)spucken	
	God [gɒd]	Gott	
	for the first time	zum ersten Mal	We went on holiday abroad ~ **the first** ~ when I was eight.
	bodyguard ['bɒdigɑːd]	Leibwächter/in, Leibwache	
	valuable ['væljuəbl]	wertvoll; nützlich	She keeps her jewellery in the bank because it's so ~.
	hallway ['hɔːlweɪ] *(AE)*	Korridor, Gang	
p.94	**pain** [peɪn]	Schmerz(en)	

(to) **splash** [splæʃ]	spritzen	He's **~ing** water on his face. 
acid ['æsɪd]	Säure	*French:* l'acide *(m)*
education [ˌedʒu'keɪʃn]	(Schul-)Bildung, Ausbildung; Erziehung	You need a good ~ if you want to get a good job.
university [ˌjuːnɪ'vɜːsəti]	Universität	*French:* l'université *(f)*
businesswoman/-man ['bɪznəswʊmən, -mæn]	Geschäftsfrau/-mann	
business ['bɪznəs]	Unternehmen; Geschäft(e)	Mike started his own ~ when he was only 17. We do a lot of ~ with German companies.
headline ['hedlaɪn]	Schlagzeile	
(to) **ban** sb. **from** sth. **(-nn-)** [bæn]	jn. von etwas ausschließen	The runner was **~ned from** the Olympic Games because he had taken drugs.

Irregular verbs

Infinitive	Simple past form	Past participle	
(to) **be**	**was/were**	**been**	sein
(to) **beat**	**beat**	**beaten**	schlagen; besiegen
(to) **become**	**became**	**become**	werden
(to) **begin**	**began**	**begun**	beginnen, anfangen (mit)
(to) **bet**	**bet**	**bet**	wetten
(to) **blow**	**blew**	**blown**	wehen, blasen
(to) **break** [eɪ]	**broke**	**broken**	(zer)brechen; kaputt gehen
(to) **bring**	**brought**	**brought**	(mit-, her)bringen
(to) **build**	**built**	**built**	bauen
(to) **buy**	**bought**	**bought**	kaufen
(to) **catch**	**caught**	**caught**	fangen; erwischen
(to) **choose** [uː]	**chose** [əʊ]	**chosen** [əʊ]	(aus)wählen; (sich) aussuchen
(to) **come**	**came**	**come**	kommen
(to) **cost**	**cost**	**cost**	kosten
(to) **cut**	**cut**	**cut**	schneiden
(to) **do**	**did**	**done** [ʌ]	tun, machen
(to) **draw**	**drew**	**drawn**	zeichnen; ziehen

(to) **drink**	**drank**	**drunk**	trinken
(to) **drive** [aɪ]	**drove**	**driven** [ɪ]	*(ein Auto)* fahren
(to) **eat**	**ate** [et, eɪt]	**eaten**	essen
(to) **fall**	**fell**	**fallen**	(hin)fallen, stürzen
(to) **feed**	**fed**	**fed**	füttern
(to) **feel**	**felt**	**felt**	(sich) fühlen; sich anfühlen
(to) **fight**	**fought**	**fought**	kämpfen
(to) **find**	**found**	**found**	finden
(to) **fly**	**flew**	**flown**	fliegen
(to) **forget**	**forgot**	**forgotten**	vergessen
(to) **forgive**	**forgave**	**forgiven**	vergeben, verzeihen
(to) **get**	**got**	**got**	bekommen; holen; werden; (hin)kommen
(to) **give**	**gave**	**given**	geben
(to) **go**	**went**	**gone** [ɒ]	gehen, fahren
(to) **grow**	**grew**	**grown**	wachsen; anbauen, anpflanzen
(to) **hang out** *(infml)*	**hung out**	**hung out**	rumhängen, abhängen
(to) **have (have got)**	**had**	**had**	haben, besitzen
(to) **hear** [ɪə]	**heard** [ɜː]	**heard** [ɜː]	hören
(to) **hide** [aɪ]	**hid** [ɪ]	**hidden** [ɪ]	(sich) verstecken

Infinitive	Simple past form	Past participle	
(to) **hit**	**hit**	**hit**	schlagen
(to) **hold**	**held**	**held**	halten
(to) **hurt**	**hurt**	**hurt**	wehtun; verletzen
(to) **keep**	**kept**	**kept**	(be)halten
(to) **know** [nəʊ]	**knew** [njuː]	**known** [nəʊn]	wissen; kennen
(to) **lay** the table	**laid**	**laid**	den Tisch decken
(to) **leave**	**left**	**left**	(weg)gehen; abfahren; verlassen; zurücklassen
(to) **let**	**let**	**let**	lassen
(to) **light**	**lit**	**lit**	anzünden
(to) **lose** [uː]	**lost** [ɒ]	**lost** [ɒ]	verlieren
(to) **make**	**made**	**made**	machen; bauen; bilden
(to) **mean** [iː]	**meant** [e]	**meant** [e]	bedeuten; meinen
(to) **meet**	**met**	**met**	(sich) treffen
(to) **pay**	**paid**	**paid**	bezahlen
(to) **put**	**put**	**put**	legen, stellen, *(wohin)* tun
(to) **read** [iː]	**read** [e]	**read** [e]	lesen
(to) **ride** [aɪ]	**rode**	**ridden** [ɪ]	reiten; *(Rad)* fahren

(to) **ring**	**rang**	**rung**	klingeln, läuten
(to) **rise** [aɪ]	**rose**	**risen** [ɪ]	(auf)steigen
(to) **run**	**ran**	**run**	rennen, laufen; verlaufen *(Straße, Grenze)*
(to) **say** [eɪ]	**said** [e]	**said** [e]	sagen
(to) **see**	**saw**	**seen**	sehen; besuchen, aufsuchen
(to) **sell**	**sold**	**sold**	verkaufen
(to) **send**	**sent**	**sent**	schicken, senden
(to) **set** a trap	**set**	**set**	eine Falle stellen
(to) **sew** [əʊ]	**sewed**	**sewn**	nähen
(to) **shake**	**shook**	**shaken**	schütteln; zittern
(to) **shine**	**shone** [ɒ]	**shone** [ɒ]	scheinen *(Sonne)*
(to) **show**	**showed**	**shown**	zeigen
(to) **shut up**	**shut**	**shut**	den Mund halten
(to) **sing**	**sang**	**sung**	singen
(to) **sit**	**sat**	**sat**	sitzen; sich setzen
(to) **sleep**	**slept**	**slept**	schlafen
(to) **speak**	**spoke**	**spoken**	sprechen
(to) **spend**	**spent**	**spent**	*(Zeit)* verbringen; *(Geld)* ausgeben
(to) **spit**	**spat**	**spat**	spucken

Infinitive	Simple past form	Past participle	
(to) **stand**	**stood**	**stood**	stehen; sich (hin)stellen
(to) **steal**	**stole**	**stolen**	stehlen
(to) **stick**	**stuck**	**stuck**	herausragen, herausstehen
(to) **swim**	**swam**	**swum**	schwimmen
(to) **take**	**took**	**taken**	nehmen; (weg-, hin)bringen; dauern, *(Zeit)* brauchen
(to) **teach**	**taught**	**taught**	unterrichten, lehren
(to) **tear off** [eə]	**tore**	**torn**	abreißen
(to) **tell**	**told**	**told**	erzählen, berichten
(to) **think**	**thought**	**thought**	denken, glauben, meinen
(to) **throw**	**threw**	**thrown**	werfen
(to) **understand**	**understood**	**understood**	verstehen
(to) **upset**	**upset**	**upset**	ärgern, kränken, aus der Fassung bringen
(to) **wake** up	**woke**	**woken**	aufwachen; wecken
(to) **wear** [eə]	**wore** [ɔː]	**worn** [ɔː]	tragen *(Kleidung)*
(to) **win**	**won** [ʌ]	**won** [ʌ]	gewinnen
(to) **write**	**wrote**	**written**	schreiben

The United States of America

Staat		Abkürzung	Hauptstadt	
Alabama	[ˌælə'bæmə]	**AL**	**Montgomery**	[mənt'gʌməri]
Alaska	[ə'læskə]	**AK**	**Juneau**	['dʒu:nəʊ]
Arizona	[ˌærɪ'zəʊnə]	**AZ**	**Phoenix**	['fi:nɪks]
Arkansas	['ɑ:kənsɔ:]	**AR**	**Little Rock**	[ˌlɪtl 'rɒk]
California	[ˌkælə'fɔ:niə]	**CA**	**Sacramento**	[ˌsækrə'mentəʊ]
Colorado	[ˌkɒlə'rɑ:dəʊ]	**CO**	**Denver**	['denvə]
Connecticut	[kə'netɪkət]	**CT**	**Hartford**	['hɑ:tfəd]
Delaware	['deləweə]	**DE**	**Dover**	['dəʊvə]
Florida	['flɒrɪdə]	**FL**	**Tallahassee**	[ˌtælə'hæsi]
Georgia	['dʒɔ:dʒə]	**GA**	**Atlanta**	[ət'læntə]
Hawaii	[hə'waɪi]	**HI**	**Honolulu**	[ˌhɒnə'lu:lu:]
Idaho	['aɪdəhəʊ]	**ID**	**Boise**	['bɔɪzi]
Illinois	[ˌɪlə'nɔɪ]	**IL**	**Springfield**	['sprɪŋfi:ld]
Indiana	[ˌɪndi'ænə]	**IN**	**Indianapolis**	[ˌɪndiə'næpəlɪs]
Iowa	['aɪəwə]	**IA**	**Des Moines**	[də 'mɔɪn]
Kansas	['kænzəs]	**KS**	**Topeka**	[təʊ'pi:kə]

Staat		Abkürzung	Hauptstadt	
Kentucky	[ken'tʌki]	**KY**	**Frankfort**	['fræŋkfət]
Louisiana	[lu,iːzi'ænə]	**LA**	**Baton Rouge**	[ˌbætn 'ruːʒ]
Maine	[meɪn]	**ME**	**Augusta**	[ɔː'gʌstə]
Maryland	['meərilənd]	**MD**	**Annapolis**	[ə'næpəlɪs]
Massachusetts	[ˌmæsə'tʃuːsɪts]	**MA**	**Boston**	['bɒstən]
Michigan	['mɪʃɪgən]	**MI**	**Lansing**	['lɑːnsɪŋ]
Minnesota	[ˌmɪnɪ'səʊtə]	**MN**	**Saint Paul**	[sənt 'pɔːl]
Mississippi	[ˌmɪsɪ'sɪpi]	**MS**	**Jackson**	['dʒæksən]
Missouri	[mɪ'zʊəri]	**MO**	**Jefferson City**	[ˌdʒefəsən 'sɪti]
Montana	[mɒn'tænə]	**MT**	**Helena**	['helənə]
Nebraska	[nə'bræskə]	**NE**	**Lincoln**	['lɪŋkən]
Nevada	[nə'vɑːdə]	**NV**	**Carson City**	[ˌkɑːsn 'sɪti]
New Hampshire	[ˌnjuː 'hæmpʃə]	**NH**	**Concord**	['kɒŋkɔːd, 'kɒŋkəd]
New Jersey	[ˌnjuː 'dʒɜːzi]	**NJ**	**Trenton**	['trentən]
New Mexico	[ˌnjuː 'meksɪkəʊ]	**NM**	**Santa Fe**	[ˌsæntə 'feɪ]
New York	[ˌnjuː 'jɔːk]	**NY**	**Albany**	['ɔːlbəni]
North Carolina	[ˌnɔːθ kærə'laɪnə]	**NC**	**Raleigh**	['rɔːli]

North Dakota	[ˌnɔːθ dəˈkəʊtə]	**ND**	**Bismarck**	[ˈbɪzmɑːk]
Ohio	[əʊˈhaɪəʊ]	**OH**	**Columbus**	[kəˈlʌmbəs]
Oklahoma	[ˌəʊkləˈhəʊmə]	**OK**	**Oklahoma City**	[ˌəʊkləˌhəʊmə ˈsɪti]
Oregon	[ˈɒrɪgən]	**OR**	**Salem**	[ˈseɪləm]
Pennsylvania	[ˌpenslˈveɪniə]	**PA**	**Harrisburg**	[ˈhærɪsbɜːg]
Rhode Island	[ˌrəʊd‿ˈaɪlənd]	**RI**	**Providence**	[ˈprɒvɪdəns]
South Carolina	[ˌsaʊθ kærəˈlaɪnə]	**SC**	**Columbia**	[kəˈlʌmbiə]
South Dakota	[ˌsaʊθ dəˈkəʊtə]	**SD**	**Pierre**	[pɪə]
Tennessee	[ˌtenəˈsiː]	**TN**	**Nashville**	[ˈnæʃvɪl]
Texas	[ˈteksəs]	**TX**	**Austin**	[ˈɒstɪn]
Utah	[ˈjuːtɑː]	**UT**	**Salt Lake City**	[ˌsɔːlt leɪk ˈsɪti]
Vermont	[vəˈmɒnt]	**VT**	**Montpelier**	[mɒntˈpiːliə]
Virginia	[vəˈdʒɪniə]	**VA**	**Richmond**	[ˈrɪtʃmənd]
Washington	[ˈwɒʃɪŋtən]	**WA**	**Olympia**	[əˈlɪmpiə]
West Virginia	[ˌwest vəˈdʒɪniə]	**WV**	**Charleston**	[ˈtʃɑːlstən]
Wisconsin	[wɪsˈkɒnsɪn]	**WI**	**Madison**	[ˈmædɪsən]
Wyoming	[waɪˈəʊmɪŋ]	**WY**	**Cheyenne**	[ˌʃaɪˈæn]

English G 21 • Band B 4
Vokabeltaschenbuch

Im Auftrag des Verlages
herausgegeben von
Prof. Hellmut Schwarz, Mannheim

Erarbeitet von der Englischredaktion

Illustration
Roland Beier, Berlin

Titelbild
Corbis, Düsseldorf (yellow cab (M):
image100 (RF), Times Square (M):
Jose Fuste Raga);
Corel Library (US flag Hintergrund (M))

Layoutkonzept
Korinna Wilkes

Technische Umsetzung
Stephan Hilleckenbach, Berlin;
Ina Hillmann

Umschlaggestaltung
Klein & Halm Grafikdesign, Berlin

www.cornelsen.de
www.EnglishG.de

Dieses Werk berücksichtigt die Regeln der reformierten Rechtschreibung und Zeichensetzung.

1. Auflage, 1. Druck 2009

Alle Drucke dieser Auflage sind inhaltlich unverändert und können im Unterricht nebeneinander verwendet werden.

Druck: CS-Druck CornelsenStürtz, Berlin

ISBN 978-3-06-032164-3

Inhalt gedruckt auf säurefreiem Papier aus nachhaltiger Forstwirtschaft.